ケアマネ試験に合格した人が「食べていけるケアマネ」になるための本

児玉由美
Yumi Kodama

三恵社

はじめに

ケアマネジャー（以下、ケアマネと記載します）試験に合格したあなた、合格おめでとうございます。

現在のケアマネ試験の合格率は、二十％程度で、五人に一人しか受からない試験になっています。

そんな難しい試験に合格された皆さん、今から準備しておくべきことを記載しておきます。

着実に準備をしておくことで、**「食べていけるケアマネ」**を目指していきましょう。

二〇一八年六月

株式会社スクールこだま
代表取締役　児玉由美

目次

第6章 ケアマネとして、やってはいけないこと

第7章 伸びるケアマネの要素とは

第1章

合格に備えておくべきこと

①

医療知識を深めておこう

ケアマネ資格を有する人の基礎資格は、福祉系でいえば、介護福祉士・社会福祉士・精神保健福祉士など。医療系でいえば、看護師・理学療法士・薬剤師・柔道整復師などさまざまです。ケアマネの役割は、オーケストラでいえば、指揮者です。全体を把握し、皆をまとめる役割が求められます。医療職の人と話をする上で、医療知識を持っていないと話が通じません。

よく介護職出身のケアマネから、

「看護師さんは、こわいというイメージがある」と聞きます。患者さんの命を預かっている立場から、はっきりとした回答を求められるからかもしれません。看護師は、決して「こわい」のではなく、必要な情報を共有する姿勢だと捉えましょう。

また、平成三十年の介護報酬改定で、訪問介護において、「サービス提供責任者の役割」が明確化されました。一つは、訪問介護現場での利用者の口腔に関する問題や服薬状況等に係る気付きを、ケアマネなどと情報共有することになりました。情報を受ける側のケアマネは、薬に関する知識（どんな薬で、どんな副作用があるか）等の知識が必要です。

●医療知識を持つには、何から学習したらいいか？

手っとり早い方法は、高齢者に多い疾患に関する本・雑誌を読むことです。大型書店に行けば、「ケアマネにとって、必要な医療知識」に関する本が、多く取り揃えてあります。興味を持って読み、またご自身の身近にいる利用者を思い浮かべ、医療知識を深めましょう。

●日頃のケアから学ぼう

ご自身のお勤め先が、訪問介護、デイサービス、または入所施設であったとします。日頃のケアから医療知識を学びましょう。どんな薬を飲んでいるか、病名は何なのか、どんな症状が出ているのか、実際の現場を振り返ることで勉強になります。

●研修に参加してみる

私は、以前、医師がケアマネに必要な医療知識を習得させる目的の研修に参加していました。一日の業務が終わったあと、おにぎりをほおばり、同僚のケアマネと交互に車を出し、研修会場に足を運んでいました。講義あり、グループワークあり、研修に参加されている方は皆さん、向上心旺盛です。研修参加者に、自分から挨拶をする、次に名刺交換をする、研修が終わったあと、駐車場まで一緒に帰ることで、ネットワークを広げる機会になります。研修に参加されている方は、「ケアマネとしての自分を高めたい」という意識の高い方が多かったです。こうして、出会えた高めあえる仲間は、研修参加で得られた貴重な財産となりました。

②

パソコンのスキルを上げておこう

ケアマネになったら、ケアプランの計画書作成が必須です。

計画書は、パソコンを使って仕上げます。

ワードで文章が作成できる程度のスキルを身に付けておきましょう。

ご本人・ご家族・サービス事業所とのやりとりでメールを使う場合があります。

また、インターネットで地域の介護保険・介護保険外サービスに関する情報や制度の改正等も調べたりもします。

「ワードで文章が作成できる」「インターネット・メールができる」は必須です。

③

プリンター環境を整えておこう

ケアマネ試験が終わったあと、実務研修（八十七時間）がおこなわれます。

「実習報告書、アセスメント、課題整理総括表、居宅サービス計画書」等、さまざまな研修レポートの作成があります。

レポートは、手書きよりパソコンで作成したほうが、見た目がきれいです。

また、実習が終わり、ケアマネ実務に就いた時、自宅での自己勉強で使えるよう、調べた情報を印刷しておくことも可能です。

④

ケアマネとして働きたいことを周囲にアピールしておこう

ケアマネになった時、何に時間を取られるかというと、ケアプランの作成ではないかと思います。文章力・語彙力・表現力が問われます。文章力は、一朝一夕に身に付くものではありません。

アセスメントをおこない、課題分析をし、ケアプランを作成するための、文章力を上げるには、上手く書けている文章を読むことです。野球はみているだけでは上手くなりませんが、文章を書く力をつけるには、関連する書物を読むことが一番です。

実務研修を終え、ケアマネとして就職をしてから、先輩ケアマネから、「○○さんのアセスメントをしてきて」とか、「課題分析はできた？」などと言われた時に、

「アセスメントって何ですか？」「課題分析ってどうやればいいんですか？」と質問しなくて良いように、イメージできるくらいにはなっていて欲しいです。なお、「アセスメント」とは、情報を収集し、分析によって、課題を抽出することです。

第2章

実務研修について

①

実務研修の中身を知ろう

実務研修時間は、国で定められていて八十七時間です。

研修の日数は、私が住む愛知県では、十六日間の研修と、居宅介護支援事業所への実習が三日間あります。

研修では、「課題整理総括表 作成演習」「居宅サービス計画の作成」「モニタリング」などをおこないます。グループワークの時間も多いです。

知らない人とのグループワークは、正直、疲れます。乗り切るには、「自分から挨拶をする」「終始、笑顔で過ごす」を心がけ、研修が始まったら、物おじせず、積極的に発言しましょう。

前向きな参加の姿勢は、ケアマネになり、利用者、ご家族、サービス事業者を前にサービス担当者会議をおこなった時に生きてきます。

②

実習対象者を見つけよう

自己ケアプラン作成のための、実習対象者をみつけます。

在宅で生活する人が対象です。実習に協力してくれる人を探します。

私が住む愛知県では、自分で、ケアプラン作成の実習対象者をみつけます。自分の働いているところの利用者、親戚や知り合いに紹介してもらうなどが考えられます。

ケアマネ試験に合格した時から、実務研修を視野に入れ、実習対象者を意識して探しておきましょう。

そして労を惜しまず前向きに研修に取り組みましょう。ケアマネとして就職した時、必ず役立ちます。

③

アセスメントの勉強をしよう

アセスメントは、自分で勉強することになっています。

アセスメントには、いろんな方式があります。

課題分析標準項目（二十三項目）を含んでいれば、独自方式でも良いことになっています。

私のお勧めは、「居宅サービス計画ガイドライン」です。在宅向けアセスメント用紙になっているので、記入しやすいです。

まず、書籍を取り寄せ、読んでも理解が難しいようなら、アセスメントの研修を受けて学習しておきましょう。

④
近年、実務研修を終えた人から情報収集をしよう

身近で実務研修を終えた人がみえたら、研修の様子を聞いてみましょう。実習対象者をどうやってみつけたか、課題は何が出されたか、アセスメントは何を選んだか、演習の様子はどんな感じか、あらかじめ何を勉強しておいたら良かったか、聞いておきましょう。

また、一緒に受験勉強をした仲間がいたら心強いです。相談もできます。お互い情報を共有しておきましょう。

第3章
就職先の選び方

①

特定事業所加算を取っているところを狙うのも手

一番最初に、誰から仕事を教わるかは、とても重要です。

法令遵守のために必要な要件を教えてもらえるか、利用者の訪問に同行して指導してくれるか、事例検討会でケース検討してもらえるかなど、日常的に指導が受けられる環境だと、どんどん基礎的な力がついてきます。

特定事業所加算を算定している事業所がお勧めです。その要件として、定期的な会議が定められています。また、ケアマネの人数も複数人で、主任ケアマネジャーも勤務しています。相談できるケアマネが複数いれば、いろんな意見が聞けます。

平成三十年の介護報酬改定で、居宅介護支援事業所の管理者要件として、「主任ケアマネジャーであること」が決まりました。

これは、居宅介護支援事業所は、一人ケアマネ事業所ではなく、複数人のケアマネがいて、地域包括ケアシステムの考え方に沿い、居宅介護支援事業所として二十四時間体制の対応が求められていると解釈することができます。

②

住宅型
有料老人ホーム
併設の事業所は
良く考えて

住宅型有料老人ホームでは、訪問介護や訪問看護、通所介護などを併設事業所として持っていることが多いです。

家賃を抑え、自社の訪問介護サービス等を利用することで採算を取っています。ただ、介護保険サービスは自分で選べます。住宅型有料老人ホームに入居したからといって、ホームが併設しているサービス事業所を使わなければいけないということはありません。むしろ、他の事業所のサービスを利用しても良いことを伝えないといけません。

住宅型有料老人ホームの経営サイドからしたら、「自社のサービスを入れてくれたらいい。ケアマネを配置しているのは自社サービスを入れてもらうため」と考えている経営者もいます。

住宅型有料老人ホームに採用された新人ケアマネからこんな話を聞きました。

「採用面接の時、私以外に二人の応募者があった。なぜ、私が採用されたかと言うと、あとの二人は経験者だったから。事業所側のコンサルタントが、未経験者を採用するようアドバイスしたんですって。おとなしく言うことを聞いてくれるから」

ケアマネとしての立ち位置が理解でき、信念を持って公正中立な仕事への思いがあり、時には、雇用主と論戦する熱意があれば、住宅型有料老人ホーム併設であっても、確固とした思いで仕事ができると思います。ケアマネとしての経験もなく、右も左のわからない状態で、働くのは賛成できません。ただし、誤解がないよう、伝えておきたいのは、住宅型有料老人ホーム併設の居宅介護支援事業所すべてが「いけない」と言っているわけではありませ ん。利用者本位で、「無理に自社サービスを利用しなくてもいい」という姿勢の事業所もあります。私の知っている事業所では、併設の居宅介護支援事業所を持っているにもかかわらず、他事業所のケアマネが多く関わっています。いろんな事業所の声を聞くことで、自社のサービスの質の向上につなげていきたいからだそうです。

平成三十年介護報酬改定の勉強会

③

離職率を
チェックする

頻繁に、求人の出ているところは就職先としては危険です。人が定着しないのには、何か理由があります。

では、離職率をチェックするにはどうしたらいいでしょうか。

一つの方法として、「介護サービス情報公表」でチェックできます。ケアマネ試験勉強で覚えましたね。介護サービス事業者は、毎年、介護サービス情報を都道府県知事に報告しなければなりません。公表情報には、「基本情報」と「運営情報」があり、「基本情報」のなかに、一年間の採用者数そして一年間の退職者数を記入する欄があります。ここをみれば、職員が定着しているか、頻繁に辞めているかが把握できます。

ただし、法人内の異動で、ケアマネの入れ替わりがある場合もあります。

私の周囲を見渡すと、職員が定着しているところ、頻繁に職員の入れ替わりがあるところが、はっきりしています。

問題を抱えている事業所に入らないように。

自分の能力が素晴らしくても、苦労することになります。

④ 時間外労働時間の現状を把握しておこう

居宅介護支援事業所において、時間外労働があるかないかは事業所によって大きく異なります。ケアマネ業務は、終わりがありません。書類も多く多忙です。

ケアマネとして働く人のなかには、家庭があって、仕事を終えたあとは、主婦としての役割を持っている方もいらっしゃいます。

一方、ケアマネが一家の大黒柱であれば、基本給だけでなく、時間外労働でも稼いだ方がいいのかもしれません。

通常、どの程度の時間外労働があるのかを把握しておきましょう。もちろん、労働対価も確認しておきましょう。

⑤

通勤に要する時間も、働く上で大切

職場がすぐそばでは、プライベートな時間に職場が目に入り、気持ちが休まらないかもしれません。

通勤に要する時間が、三十分以内だと時間が有効に使えます。

通勤に要する時間も頭に入れておくといいですね。

⑥

施設ケアマネか、居宅ケアマネか

施設か居宅か、就職先としてどちらを選ぶか。

書類に追われ、多忙なのは居宅ケアマネかもしれません。

三年ごとに介護報酬は改定されます。自分の所属の居宅介護支援の内容だけでなく、居宅サービス計画に盛り込むすべての介護報酬について理解をしておかなければなりません。通所介護・通所リハビリテーション・訪問介護・訪問看護など、加算・減算の意味などの理解が必要です。厚生労働省から発表される資料を読み込む力が必要かもしれません。

利用者は受け持ち制なので、自分の担当の利用者は担当ケアマネが責任を持ってプランを立てることになります。

同じ職場のケアマネに相談はできますが、直接、利用者家族・事業所とのやりとりは自分自身となります。計画的に仕事をこなせれば、休みも取りやすいかと思います。


では、施設ケアマネはどうでしょうか？　たとえば介護老人保健施設所属のケアマネだったとします。

ケアプランを立てる時、個別サービス計画との連動が大事です。医師・看護師・介護士・リハビリ職員・管理栄養士・支援相談員らと相談してケアプランを立てます。職場内の他職種と連携することを疎まず、「現場が好き」という方には向いているかもしれません。

第4章

いざ、面接を受ける

①

ケアマネに転職への決意を固める

新しいことを始めるのは、とても勇気がいります。不安も大きいです。でも、まだ始まっていないことに不安感を持っていても何のメリットもありません。ケアマネ受験を決意し、勉強に費やした努力と時間と費用を思い出してみましょう。思い出してみて、「やっぱり、ケアマネとして働きたい！」と思ったら、動くべきです。上手くいかなかったら、その時は戻ればいい。マイナス感情に引きずられない。

プラスのイメージを持つことです。

②

就職先の探し方

就職先の探し方ですが、「ハローワーク」の求人に登録をすれば、情報収集ができます。また、求人案内は、登録していなくてもパソコン等で閲覧することができます。

次は、お住まいの都道府県の「社会福祉協議会」の求人登録をお勧めします。私が住んでいる愛知県の場合は「愛知県社会福祉協議会」のホームページを開くと、「福祉の求人情報」というサイトがあります。求職者として登録をすると、求人情報の検索ができるだけでなく、地域で開催する就職フェアやセミナー等各種イベント、就職活動に役立つ最新情報が配信されています。他には、「人材紹介会社」に登録する。「ケアマネ・就職希望」などと検索をすれば、ケアマネ求人の人材紹介会社にヒットします。

人つながり、人からの紹介があるといいですね。紹介を得るためには、「ケアマネとして働きたい」ことを周りに伝えておくことです。実務研修の一環で、居宅介護支援事業所に実習に行った時、雰囲気が良く、丁寧に指導してくれる事業所であったら、就職先候補として挙げておいてもいいと思います。私なら、さりげなく、

「実務研修が終わったら、居宅介護支援事業所での仕事を考えています」

とアピールしてみると思います。

紹介は責任を伴います。信頼できる人にしか紹介はできません。信頼できる人になるためには、ケアマネになる前から、日々の仕事を誠実におこなうことです。

③

面接時の留意点

面接当日、遅刻は厳禁。時間に余裕を持って面接場所に出かけましょう。ただし、早く到着したからといって、約束時刻より早すぎる時間には行かない。

先方も予定を組んでいます。約束時間の「五分前」に到着しましょう。

また、服装は「スーツ」を着用しましょう。服装だけでなく、靴にも気を配り清潔感を意識しましょう。

④

面接時に確認しておきたいこと

ケアマネとして就職するにあたり、面接時に確認しておきたいことは、「業務内容」です。ケアマネ業務だけなのか、介護業務等の兼務があるのか、しっかり確認しておきます。あとで、「こんなはずではなかった」と後悔することがないようにしたいものです。

⑤ 採用を勝ち取る方法

面接において、採用を勝ち取る方法ですが、面接官から、「一緒に働きたい」と思わせることです。

笑顔で口角を上げる。相手の目をみて、明るく答える。一緒に働きたいと思える人とは、人柄の良い方です。

仕事はあとからでも覚えられますが、性格は簡単には変わりません。

私が一緒に働きたいと思える方は、協調性に富み、真面目で誠実な人です。

協調性を持って働きたいことをアピールしましょう。

第5章 仕事の教わり方

就職先の先輩から、好感を持ってもらうには、
どんな態度で接したらいいのでしょうか?

①

当然！
メモを取ろう

説明を受けている時、当然、メモを取ります。

ポケットサイズでノートタイプの小さな手帳を常に携帯し、説明を受けた内容のメモを取りましょう。

すぐに剝がれるものは一見便利ですが、個人情報等の管理を考えると良いとは言えません。

メモは取りっぱなしではなく、あとで自分なりに整理をし、わかりやすく書いておきましょう。

②

自分から「挨拶」をしよう

挨拶は、人間関係の基本です。

「朝、出勤した時」

「外出先から戻った時」

「退社する時」

自分から、はっきりと明るく、挨拶をしましょう。

③ 疑問点は、自分でも調べてから質問をしよう

何でもかんでも、聞けばいいというものでもありません。
自分なりに調べた上で、わからなかった点を聞きましょう。

④ 自分から、軽いフットワークで動こう

新規ケースの担当、研修参加の希望、こまごまとした雑用など、時間のゆとりがあれば、積極的に動きましょう。

主体的に動く際には、自己判断は禁物です。不安なこと、不確実なことは相談や確認をしておきましょう。

⑤

旅行に行ったら、「お土産」を買って配ろう

日頃から、コミュニケーションが取れていれば、仕事上の関わりもスムーズに運びます。お土産を配ることで、会話のきっかけができ、人間関係の潤滑油となります。

人間関係が良好だと、「一＋一」は、「二以上」になります。反対に人間関係が悪いと、「一＋一」は、「一」にもなりません。

第6章 ケアマネとして、やってはいけないこと

親切のつもりでやったことが、自分の首を絞めることになります。ここでは、ケアマネとしてやってはいけないことを書いていきます。

①
利用者を自分の車に乗せる

利用者に、「自分では病院に行けない」「タクシーを利用する余分なお金がない」と言われたとして、感情にまかせて自分の車に乗せてはいけません。事故を起こしてしまった場合、責任が取れません。

介護タクシーを利用するなり、ご家族での対応をお願いするなり調整をおこないましょう。

②

利用者が入院した時、自分が家族のように行動する

たとえば一人暮らしの利用者が入院しました。身内がいません。そうした時、洗面用具や着替えを届けたり、洗濯物を預かり、自分の家で洗濯をして持っていったり、そんな行動を取ってしまうケアマネを何人かみてきました。

入院中、身の回りの世話が必要であれば、介護保険ではなく、介護保険外のサービスを探し、仕事としてやってもらえるところに結びつけていきましょう。そうは言っても「お金がない」「頼れる人もいない」利用者に対し、介護保険外サービスの利用は、現実的には難しいことだと思います。周囲を巻き込み、「社会資源の開発」に働きかける思いを持っていたいです。

③

ケアマネ自身が、利用者の身内に代わって入院時の保証人になったりする

保証人になる人がいないからといって、アパートに住むための保証人、施設や病院に入所・入院するための保証人になってはいけません。身元保証をおこなってくれるところにお願いすべきです。ただし、身元保証をおこなっている事業者はいろんな事業者がいます。信頼できる事業者なのか、地域包括支援センター、社会福祉協議会などに相談してみましょう。

要するに、自分から他のケアマネに担当が変更になった時、新しいケアマネが困惑することはやってはいけないということです。利用者が困っていたら、介護保険だけでなく、社会資源と結びつける役割を担うことがケアマネの仕事です。

●ケアマネの仕事の範囲はどこまででしょうか？

ケアマネとしてやってはいけないことを具体的に挙げてみました。では、ケアマネの仕事の範囲ってどこまでなのでしょうか？

ケアマネの仕事は、利用者の抱えている課題を分析して、介護保険サービスにかかわらず、必要な社会資源を結びつけること。家族の代わりにはなれませんし、ヘルパーでもありません。

利用者には、悪気はないのかもしれませんが、ヘルパーに頼むと、利用料が発生するけど、ケアマネに頼んだら「タダ」とし、「病院に行くのに乗せていって」「電球、交換して」「明日、食べるパンがないので買ってきて欲しい」など、要望を訴えてくる場合を想定しどう対応するか、自分の方向性を明確にしておきたいです。

④

上から目線にならない

利用者を中心に、いろんな職種の方が関わっています。医師・薬剤師・訪問看護師・ヘルパー・デイサービス事業所など。在宅で暮らす利用者の場合、どの事業所を利用するかは、利用者の状態・要望を踏まえ、ケアマネを介して決められます。事業所は、居宅介護支援事業所のケアマネに営業をかけるわけです。ケアマネは、仕事を依頼する、事業所はケアマネから紹介してもらうという構図になります。

いろんな職種がいます。誰が上で、誰が下ということはありません。事業所の特徴を理解し、互いに情報交換ができるネットワークを作りましょう。

⑤

転職したら、これまで担当していた利用者を、自分の転職先に連れていく？

居宅介護支援事業所のケアマネが、他の法人の居宅介護支援事業所に転職するとしたら、受け持ち利用者と共に他の事業所に移りますか？

居宅介護支援事業所のケアマネとして働いていて、転職するとします。距離的に近くの事業所に転職の予定です。

あなたは、これまでの利用者に転職を告げ、新しく移る自分の働く事業所に、ケアマネの変更をおこなうように勧めますか？

賛否両論あると思いますが、私の考え方をお話ししたいと思います。

私は、自分の転職先に移る様、勧めるのは反対です。担当ケアマネであったことは、利用者と自分個人との契約ではなく、事業所との契約だったからです。これまでの事業所から業務時間と給与支払いを受け、そのなかで契約し報酬に結びついた経緯があります。そこを忘れてはいけないと思います。

利用者のご家族に、退職の旨は伝えて、お別れのご挨拶はしますが、転職先は告げず、後任にスムーズに引き継ぐことが大切だと考えます。

第7章 伸びるケアマネの要素とは

就職してから伸びるケアマネとは、どんな行動をしているのでしょうか?

ある研修に参加した時、参加メンバーが、「自分よりベテランケアマネだった人が、まったく記録ができておらず、びっくりした」という話を聞いたことがあります。ケアマネになってから、日々の仕事への取り組みで、能力の差がどんどん開いていきます。

①

自分の時間・お金を使って研修に参加しよう

ケアマネ対象の研修は、各地でおこなわれています。制度理解に関する研修であったり、ケアマネジメント業務に関する研修であったり。地域の研修に参加する顔ぶれをみていて思うところがあります。参加する人はいつも同じ。熱心です。参加していない事業所はいつも参加されません。業務量とのバランスを考え、できる範囲で地域の研修に参加してみましょう。刺激がもらえ、知識が深まります。

②

書籍を読もう

ケアマネ実務に関連する書籍を読んでみましょう。常に前向きで新しい知識を入れていきたいです。

雑誌を定期購読してもいいです。私のお勧めは、中央法規さんが出版している、「月刊ケアマネジャー」という雑誌です。ケアマネにとって必要な知識、ケアプランの立て方だったり、疾患の理解であったり、薬剤知識であったり面接技術であったりと、バラエティに富んでいます。

知らず知らずのうちに、知識が深まります。

③

横のつながりを持とう

横のつながりを持つことは大切です。ではどうやって横のつながりを持てる人間関係を築けるか？

地域の研修に参加して顔見知りになるのが近道です。まず、顔見知りになって、名刺交換して挨拶を交わし、徐々に距離を縮めて、地域のサービス事業所の情報を集めましょう。

たとえば、おしゃべりを好まない男性で、趣味が囲碁や将棋の利用者がいたとします。では、囲碁・将棋をやっているデイサービスはどこにあるか？　リハビリ効果の高い通所リハビリテーションは、どこに依頼すればいいか？　在宅酸素や気管切開をしていても受け入れてくれるショートステイ先はどこにあるか？　などの情報収集ができます。

④

勉強に貪欲でいよう

ケアマネ試験に合格して、ケアマネとして就職して、でもそこで終わりではありません。

実務研修時間が増えたとはいえ、すぐに業務ができる力を得たわけではありません。

介護報酬は三年で改定されていきます。新しい知識をどんどん得なければいけません。介護報酬だけでなく、面接技術、介護保険以外の制度（障害者総合支援法・権利擁護事業・難病など）の理解、医療疾患とその対応など学習の範囲は多岐にわたっています。貪欲に勉強していきましょう。

第8章 ケアマネとして働きだした人の声

実際にケアマネとして働きだした人に、インタビューをしました。

「試験に合格してから何を勉強して準備していたか」「どうやって就職先を探したか」「今、働いてみて何を思っているか」等の声を紹介します。

居宅ケアマネとして常勤で働きだしたKさん

Kさんは弊社の卒業生で、いつも鋭い質問をしてくれて授業の理解に努めていました。

「今度の試験でダメだったら、もう受験はしない」というところまで腹をくくり勉強していました。全国平均合格率が、十三・一%だった平成二十八年、見事、合格されました。

――どうやって職を探したか？

ケアマネ試験に受かって即刻、就職活動し、翌年三月の実習が始まる前から、希望の事業所の目星をつけておきました。

ネットで自分に合った条件（医療法人であること・保育施設が完備してあること）で探しました。また、これまで訪問介護の仕事であったため、サービス調整をする居宅のケアマネが希望でした。

ハローワークに出向き、就職フェアにも行き、探しました。就職フェアでは、やたらと強引に面接を勧めてきた事業所は避けました。

希望の事業所をみつけ、ケアマネに登録される四か月前から、自分で直接、会社に頼みこみ、面接を取り付けました。

――面接の様子

面接を受ける前から緊張の余り、履歴書を仕上げるのに四時間もかかりました。面接では声が震えてしまいましたが、自分の長所（笑顔を絶やさない）をアピールし、採用に至りました。

――実習で苦労したこと

「スクールこだま」の勉強会に参加し、事前にテキストを読み込みました。グループワークがすごく苦手でした。グループワークでは、「管理者・チームリーダー・サービス提供責任者」といった職種の方とも、同等に意見を述べないといけない。パートで、ヘルパーとして働いていた私は、最初、意見が言えず、その場にいるのが恥ずかしくなる思いでした。

他のグループメンバーは、これまでの経験を生かして積極的に意見を出していました。皆と同じように意見を言えるよう、何度も研修テキストを読み込み、自習しました。

居宅介護支援事業所での実習では、同行させていただいた利用者のケアプランについて掘り下げて質問を投げかけ、実習の振り返りの質問も積極的にしました。

――ケアマネになる前に勉強・準備したこと

就職先が決まり、事業所の特徴を知り、「透析」に関しての勉強をしました。同じ法人のなかに、透析クリニックがあったからです。また地理的なこともわからなかったので、事業所周辺の団地名、マンション、スーパー等を把握しました。病院・地域包括支援センターの場所も調べておきました。

パソコンのタイピングの練習を毎日三十分、おこないました。

また、ケアマネに必要なケアプラン、加算関係や必須書類、連携文書の書き方などの本を買い込んで勉強もしました。

――働いてみて思うこと

毎日、記録に追われ、新規ケースの準備、サービス調整、訪問調整やモニタリングなど仕事がどんどん発生してきます。家に帰って、業務で忘れていたことを夜中に起きて思い出し、慌てて、メモを取ったりします。

定時に帰れるよう一日の計画を立て、優先順位を考え、日々の業務をこなしています。今は仕事が楽しく、充実した毎日を送っています。

――今後の目標は？

実務経験五年を積み、主任ケアマネを目指したいです。現在は常勤で働いており、下の子供が一か月後には小学校に入学になります。この機会に、一戸建てを購入しました。ケアマネになったことで、収入も増え、夢のマイホームに近づけました。仕事への張り合いを感じながら働いています。

施設ケアマネとして常勤で働きだしたMさん

Mさんは弊社の受講生で、講座の最初から最後まで、いつも熱心に勉強されていた可愛らしい方です。

Mさんの話を聞いてきました。

——どうやって仕事をみつけたか？

「スクールこだま」の講座で親しくなり、受講後、二年の年月が過ぎても交流を持っていた友人に、就職フェアのお誘いを受けました。就職フェアに出かけていき、現在の職場に出会いました。

——施設ケアマネか、居宅ケアマネのどちらを希望したか？

施設ケアマネと決めていました。それまで訪問介護員として働いていました。一日、何軒も車で移動するしんどさを感じていました。居宅ケアマネは、利用者三十五人を受け持ち、一か月に一回は訪問します。月に一回しか訪問しないケアマネより、日々、ケアをしているホームヘルパーの方が利用者の状況は「よくわかっている」と思っています。であれば、毎日、利用者に接することのできる施設ケアマネの方がいいと考えました。嚥下に問題が生じてきたら、すぐに食事形態を見直すことができる、利用者のそばで話を聞いてあげられる。

利用者の状態の変化に合わせ、即座に対応できる点で施設ケアマネを選びました。

――面接の様子

今の職場に決めたのは、面接時、

「一緒に仕事をするケアマネジャーさんに挨拶をさせて下さい」と申し出、その方の印象がとても優しかったので、直感で、「ここの職場に決めよう」と決心しました。

――仕事の内容

四つのフロアーを受け持ち（一フロアー十人）、四十人の方のケアプラン作成をします。他には、週に二回、ショートステイの送迎、週に二回、健康体操（参加利用者十〜十五人程度）。

また、お勤めの職場（介護老人福祉施設）が、地域交流に力を入れており、地域の人も誘い、カラオケ、脳足トレーニングなどを週一回、おこなっています。

それから、行事が多く、「居酒屋」「鍋料理・すき焼き」「お花見」「初詣」など、利用者を楽しませる企画が多い職場です。

Mさんの話を聞いて感じたこと

人間関係も良く、心から仕事を楽しんでいます。話を伺っていると待遇もいいようです。

施設ケアマネとして、いろんな職種と連携が図れ、いいですね。Mさんの就職がどうしてこんなに上手くいったか、私なりに整理してみました。

・優しく、仕事熱心

ケアマネになる以前、弊社の講座に通っていた時も、熱心でひたむきでした。他の受講生の面倒もよくみてくれていました。それ以前に、ホームヘルパーを同じ職場で十年続け、利用者に寄り添っていました。

Mさんは、人間関係を大切にしていました。だから、友達から誘われた就職フェアで今の職場と出会ったのではないかと、彼女の話から感じました。

・明るく笑顔

ピンクの服がお似合い、いつも笑顔で優しい顔をしていて、さくらの花のイメージがするMさん、今後の目標を伺うと、主任ケアマネを目指していきたいそうです。

地域包括支援センターで パート勤務として働きだしたKさん

Kさんに、お話を伺いました。

インターネットで、自宅近くの地域包括支援センターの求人をみつけ、思い切って応募したそうです。以前は、訪問介護員でした。

面接の結果、即、採用となりました。当初は、週三日勤務。三か月過ぎたら、常勤で働く予定でしたが、家事との両立や扶養範囲での働き方を希望し、現在に至っているそうです。働き始めて四年になろうとしています。

彼女に就職先の選び方のコツを訊ねてみました。

「事業所の評判を聞き、頻繁に人が辞めていないかをチェックすること」と言っていました。利用者と家族の意向が異なり、間に入って大変なこともあるけど、「仕事のやりがい」があって、楽しいそうです。

第9章

私のケアマネ歴

私は、介護保険スタート時（二〇〇〇年）より、現在（二〇一八年）に至るまで、居宅介護支援事業所でのケアマネを続けてきました。この章では、自分の軌跡を振り返っていきます。

① 私は、どうやってケアマネの職場に出会ったか

私がケアマネ試験に合格したのは、介護保険制度が開始される前年（第二回）の試験でした。当時の上司から、受験を勧められたのがきっかけでした。職場で勤務時間内に勉強会を開いてくれ、直前対策講座にも参加させてもらい、恵まれた環境のおかげもあり、合格することができました。

翌年、介護保険制度がスタートしました。当時、私は介護老人保健施設で看護師として勤めていました。居宅サービスとして、訪問看護ステーション、短期入所療養介護、通所リハビリテーションもおこなっており、これらを利用されている方のケアプランを担当するため、私にケアマネの打診がありました。突然、降ってわいたような話に、わくわくし、やる気が俄然、アップしたことを覚えています。

②ケアマネとして働く上で事前に準備したこと

当時、私はパソコンにまったく触ったことがありませんでした。さっそく、パソコン教室に通い、文章が打てるように練習しました。まったく無知な私は、パソコンのマウスを動かすと、マウスが机の下に落ちそうになり、四苦八苦したのを鮮明に覚えています。「電源を入れる・切る」から教わりました。同時にパソコンを購入し、インターネット環境を整えました。

他に、準備したことが二点あります。

一点目は、在宅介護支援センターに勤めていた友人がおり、仕事の休みの日に友人を訪ね、利用者と面接時の留意点、アセスメントの方法、介護保険制度の知識の習得に努めました。持つべきものは、友達です。

二点目に準備したことは、「介護認定調査」についての知識を深めたことです。ケアマネ試験に合格し、実務研修を終え、介護支援専門員証の交付を受けました。市町村からの委託で、当時、所属していた介護老人保健施設の入所者の介護認定調査を実施することになりました。認定調査を実施するにあたり、市町村主催の研修を一日、受けただけで調査をおこなうことになりました。大型書店に足を運び、介護認定調査について書かれた本を購入し、認定調査項目の留意点やわかりやすい特記事項の書き方を勉強しました。

認定調査の役割はとても重要です。調査の結果で、要介護から要支援になれば、利用者は介護老人保健施設を退所しなければなりません。また、要介護度によって、利用者の自己負担、施設に入る介護報酬も変わってきます。正しく調査し、見落としせず、利用者の状況を特記事項に記載していくことを心がけました。

③実務に就いて苦労したこと

私は方向音痴で「地図が読めない女」でした。地図の見方がわからず、地図帳をグルグル回しながら読んでいました。当時の私の職場は、自分の居住地域ではなく、未知の場所でした。市役所も大規模な病院も大型ショッピングセンターもいずれも知らない地域でした。

居宅介護支援事業所では利用者との面談は、基本、利用者宅への訪問です。当時、社用車にはカーナビなど設置されていません。地図を確認して訪問するわけです。道中、道に迷い、約束の時間を気にしながら必死で探しました。苦労してたどりついた末、今度は職場に戻ることができず、また道に迷ってしまったわけです。日が落ち、暗くなり泣きそうな気持ちで何とか職場に戻ったことを覚えています。

居宅介護支援事業所に勤めるとして、もし営業地域の地理に詳しくなかったとしたら、まず、重要なところ、市役所・区役所・地域包括支援センター・地域の拠点となる病院などを覚えることをお勧めします。

次に苦労した点は、パソコン操作でした。キーボードの入力はパソコン教室で習いましたが、そもそもパソコンに関する知識がない。利用者に交付する「サービス利用票」、居宅サービス事業者等に交付する「サービス提供票」がなかなか作成できなかったです。

介護保険制度が始まった当初は、多忙でした。夜、十時でも他サービス事業者と電話がつながっていました。皆、夜遅くまで働いていました。

介護ソフト会社ともなかなか連絡がつかず、やっとつながってもパソコン知識の乏しい私には、説明を受けても理解力が不足していました。

毎日、夜遅くまで働き、休日も自ら職場に出向き、パソコンと戦っていました。この時の私の体重ですが、通常の四十六キロから、三十九キロまで痩せました（現在、通常体重五十キロ、太ることを気にしている私には嘘みたいな話です）。看護師として働いていた私の元の職場の人は、「児玉さん、また痩せたよね。大変そうだね」と噂をしていたそうです。

苦労して「サービス利用票」が作成できた時は、思わず飛び跳ねてしまい、職場内で、「できました！」と声をあげました。国民健康保険団体連合会に請求するための給付管理票が作成できた時は、給付管理の紙の束が宝物のように思えました。

今から振り返ると、日頃からパソコンに触れていればもう少しスムーズにできたと思います。

④ケアマネを続ける上で心がけたこと

介護保険制度では介護報酬が三年に一度、改定されます。その都度、新しい知識を入れないといけません。また、看護職出身の私は、他の社会福祉の制度（障害者総合支援法、生活保護、医療保険制度）などの知識に乏しいです。自分の時間や自分のお金（手取り給与の五％程度）を使ってでも、勉強は続けていくのを心がけてきました。

もう一点は、食生活の充実と規則正しい生活です。

私には家族があり、家族の食生活を預かっています。

仕事で多忙でも、「家族のご飯はちゃんと作る」を心がけてきました。野菜をたっぷり摂取すると血液がきれいになる気がしています。

規則正しい生活も心がけていました。突発的な病気にかかり、仕事を急に休んでしまうと周りに迷惑をかけてしまいます。何日も前からサービス担当者会議を設定し、利用者・家族・サービス事業者等を招集したのに、担当ケアマネが休んでしまったら影響が大きいです。「睡眠はしっかり取る」「体に無理なことはしない」。また気管支拡張症という既往症がある私は、風邪にかからないよう人一倍、注意を払い、吸入器を購入して一日一回は吸入し、喉のケアに努めています。

一度、二週間ほど、入院したことがあります。帯状疱疹角膜ヘルペスを発症し、視力低下をきたし、緊急入院を勧められました。

医師からは、

「あなたは自分自身では感じていないようだけど仕事がストレスになっている。すぐに入院して治療をしないとダメです。失明の恐れもあります」と。

翌日、入院し、医師の適切な治療の甲斐あり、病状は徐々に快方に向かいました。ただし、仕事のことは気になり、毎朝、職場に電話を入れ、他のケアマネに対応してもらっていました。

「しばらくは、絶対、無理してはいけない」という医師の指示を受け、退院することができました。

居宅介護支援では、利用者宅を月に一回以上は訪問しないと減算になります。できる調整をしながら、必死で訪問に回ったことを覚えています。

帯状疱疹角膜ヘルペスにり患した原因を考えてみると、過労だったように思います。自己管理ができていなかった。健康管理の大切さが身に染みた出来事でした。

⑤ケアマネ業務に就いて嬉しかったこと

利用者・家族から、

「あなたに担当してもらえて良かった」と言われた時です。

介護保険制度が始まった翌二〇〇一年、医療ニーズの高い方を受け持ちました。併設された訪問看護ステーションからの依頼でした。

二年前に脳梗塞で倒れて以来、中堅病院に入院していました。要介護5。完全に寝たきりで発語もなく、経口摂取はできず、経鼻経管栄養で食事を摂取していました。吸引も必要でした。

利用者には七〇代の四人の娘がいました。「母は二年間も入院していました。あの様子ではそんなに長くないと思う。母が暮らしていた家に連れて帰りたい」と長女が切りだし、介護生活が始まりました。四人の娘はローテーションを組み、介護にあたりました。本人の好きなクラシックの音楽を聴かせ、本人が大切にしていた庭の紫陽花を眺めての介護生活が始まりました。介護サービスは訪問看護・医師による居宅療養管理指導・介護ベッドと車いすのレンタル、そして短期入所療養介護です。

この介護生活は、五か月、続きました。短期入所療養介護利用中に状態が悪化し、緊急搬送された病院で息を引き取りました。後日、焼香に伺った私に、長女の方が、

「家で亡くなるって簡単なことではないですね。でも、母を家に連れて帰って、ご飯の炊いた匂いのなかで暮らし、母の好きだったクラシックの音楽をたくさん聴かせ、母が育ててきた庭の紫陽花も眺めることができました。母もきっと喜んでくれたと思います。児玉さんに担当してもらい、訪問看護師さんには毎日、訪問してもらい、疲れた時には、児玉さんのいる法人のショートステイ（短期入所療養介護）を利用したことで自宅での介護を続けることができました」とさわやかな表情で語ってくれました。

このケースで強く感じたことは、ショートステイを受け入れてくれた法人

への感謝です。在宅介護の主治医は、「よく、ショートステイで受け入れてくれましたね」と感心していました。併設事業所である介護老人保健施設の看護師長が、施設の医師に掛け合い、支援相談員も情報を整理し、ショートステイが利用できるよう動いてくれました。この時、「他職種連携」の重要性を学びました。他職種連携が上手くいくためには、「相手の立場を理解する」、もう一点は「日頃からコミュニケーションを良くしておくこと」だと思いました。

あとがき

私の前職は、看護師です。介護老人保健施設でナースをしていました。私は、「注射が苦手」「度胸がない」と、ナースの適性のなさに、ずっと劣等感を持っていました。

介護保険制度の開始前に、上司からケアマネ受験を勧められ合格。翌年、介護保険スタートと同時に居宅介護支援事業所に異動となり、ケアマネになりました。

利用者・ご家族との面談、ケアプランの作成、給付管理など、すべての業務が新鮮で楽しかったです。私の働き方をみていた職場の仲間からは、「水を得た魚みたいにいきいきしている」と言われました。

私は、この喜びを他の人にも伝えたい。ケアマネを目指している人を心から応援したいと思いました。

平成二十年、居宅介護支援事業所で管理者として勤務する傍ら、ケアマネ講座塾を、個人事業主としての立ち位置で立ち上げました。

「損しないよう、小さくスタート」という方針で、自宅でケアマネ塾を始めました。リサイクルショップで、会議用の机を三台、パイプいすを十脚、一万円でコピー機を一台、買ってのスタートでした。ホームページは、「おかんの第二の人生がかかっとるもんな」と、息子がホームページビルダーというソフトを使って作ってくれました。お金をかけないスタートだったわけです。

まったくゼロからのスタートに、仕事で知り合った訪問介護事業所の管理者、通所介護事業所の経営者、ケアマネの知人などが、生徒さんを紹介してくれました。息子が作ってくれたホームページからの申込みを併せ、立ち上げは八名の生徒さんが参加してくれました。自宅玄関には真新しい室内スリッパを並べ、生徒さんを出迎えました。車で来られた生徒さんが駐車場に困らないよう、自宅近くの幼稚園に、「幼稚園がお休みの日曜日に塾生が集まります。車を停めさせていただけませんか?」とお願いに上がったら、快く許可して下さいました。周りの援助に助けられての出発でした。自宅を教室として使って、二年間、おこないました。

三年目からは、自宅近くで地下鉄駅そばにオープンした貸し教室でおこないました。まるで、私のケアマネ塾を応援してくれているようでした。

受講生は、右肩上がりに増え続け、五年目に法人化することを決めました。講座を日曜日だけでなく、平日にも一日、追加することと、助成金を使って受講される方へ領収書をお渡しする際、個人事業主より会社の方が、「信用される」と考えたからです。

六年目、それまで常勤管理者として居宅介護支援事業所で働かせていただいていましたが、週一回の非常勤勤務に変えました。週一勤務は、現在も続けています。居宅介護支援事業所に、週一勤務で働いていることで、介護保険改正情報にも触れ、ケアマネ業務に身近でいられます。勤務先である、「医療法人聖生会」には感謝の気持ちでいっぱいです。

講座を始めて十年の区切りとなった、平成三十年一月、「十周年記念パーティー」を開き、多くの方が参加して下さいました。たくさんの方のおかげでここまで続けることができました。過去の受講生に感謝の気持ちをこの場で、伝えたいです。

「ありがとうございます」

ケアマネ試験に向き合い、合格されたあなた、

「おめでとうございます」

ここからが第二スタートです。真摯に勉強に向き合った気持ちを思い出し、「第二スタート地点」を出発として、自分自身の目標に向かって進んでいって下さい。

平成三十年一月「十周年記念パーティー」

【講演・執筆の依頼】

住所	愛知県名古屋市緑区亀が洞三丁目218番地
名称	株式会社スクールこだま
代表取締役	児玉由美
電子メール	info@n-cks.com
ホームページ	http://www.n-cks.com
ブログ	名古屋ケアマネ介護福祉スクール 合格点を突破しよう。 https://ameblo.jp/bmoaehn2002/

ケアマネ試験に合格した人が「食べていけるケアマネ」になるための本

2018年 8月6日 初版第1刷発行
2018年12月1日 初版第3刷発行

著　者	児玉 由美
定　価	本体価格1,300円＋税
発行所	株式会社　三恵社 〒462-0056 愛知県名古屋市北区中丸町2-24-1 TEL 052-915-5211　FAX 052-915-5019 URL http://www.sankeisha.com

ISBN978-4-86487-896-8 C1047 ¥1300E